Religion für kleine Leute

Helen lernt leben

Die Kindheit der taub-blinden Helen Keller

von Anne Marchon
Bilder von Colette Camil
ins Deutsche übertragen von
Regine Schindler

Verlag Ernst Kaufmann · Lahr

1. Auflage 1982

Umschlaggestaltung: Reinhard Herrmann
Titel der Originalausgabe: Helen la petite fille du silence et de la nuit,
Editions Bayard Presse, Paris, 1981
Bilder: Colette Camil
Gesamtherstellung: Druckhaus Ernst Kaufmann, Lahr
Printed in West Germany
ISBN 3-7806-0416-7

Das ist eine wahre Geschichte.

Vor hundert Jahren wurde in Amerika
ein kleines blondes Mädchen geboren.
Sein Vater und seine Mutter
hatten große Freude.

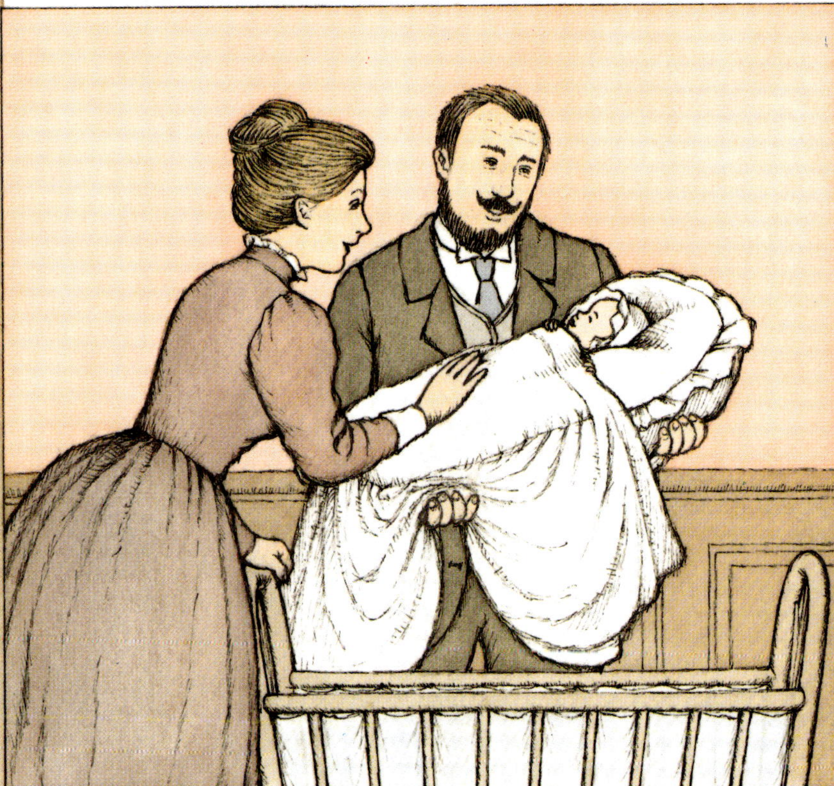

Das Mädchen war ihr erstes Kind.
Es hieß Helen Keller.

Mit achtzehn Monaten wurde Helen
sehr schwer krank.
Als sie wieder gesund war,
merkte man,
daß sie nichts mehr sah,
daß sie nichts mehr hörte.

Sie war blind
und taub geworden.

Sie wurde größer, sie spielte,
sie aß, sie lief.
Aber man konnte ihr nichts erklären,
nichts sagen und nichts zeigen.

Wir können sehen.
Wir wissen, daß der Himmel blau ist.
Wir sehen das Lächeln von Mama
und von Papa.
Wir sehen die Tiere
und alles, was im Haus geschieht,
auch draußen auf der Straße,
auf den Feldern, überall.

Helen sah nichts.

Wir können hören.
Wir hören die Stimme von Mama
und von Papa.
Wir hören die Tür, die zufällt.
Wir hören den Lärm der Autos
und wir hören Musik.

Helen hörte nichts.

Überall, immer
hören wir etwas,
auch in der Nacht, wenn wir schlafen.
Wer taub ist, weiß nicht,
was die Menschen sagen.
Er weiß nicht,
warum sie lachen,
warum sie böse werden,
warum sie sprechen.
Wer taub ist, kann
die Wörter nicht wiederholen
und darum die Namen
für die Dinge nicht lernen.

Wer taub ist, kann nicht sprechen
und darum nicht sagen, was er will.

Vor allem hat ein Tauber
keine Wörter im Kopf.
Zum Denken aber braucht man Wörter.

Wer nur blind ist,
hat Ohren.
Er kann hören und verstehen,
was rund um ihn geschieht.

Wer nur taub ist,
hat Augen.
Er kann sehen und verstehen,
was rund um ihn geschieht.

Aber gleichzeitig taub
und blind zu sein,
das ist schrecklich!
Das ist, wie wenn
man immer allein wäre
in der Stille und in der Nacht.
So war es bei Helen.
Sie war mit sich ganz allein.
In ihrem Kopf war große Stille und Finsternis.

Häufig wurde Helen wütend
und zerstörte alles,
was sie fand.
Sie zerriß ihre Kleider.
Sie aß mit den Fingern
und schmiß ihren Teller auf den Boden.
Sie schlug ihre kleine Schwester
und schrie.
Dann weinten ihre Eltern.
Sie wollten ihr helfen.
Aber sie konnten ihr all die Dinge,
die sie nicht wußte,
nicht beibringen.

Sie war sehr traurig.
Häufig blieb sie auf dem Fußboden sitzen
und weinte den ganzen Tag.

Helens Eltern
wußten nicht, wie sie ihr
etwas erklären sollten.
Sie hätten ihr gerne gesagt:
Wir haben dich sehr, sehr lieb.

Helen war mit sich ganz allein –
in ihrem Kopf
war es still,
und es war dunkle Nacht.
Sie war sehr unglücklich.

Ihre Eltern ließen sie tun,
was sie nur wollte.
Sie bestraften sie nie.
Dennoch wurde Helen
immer noch unglücklicher.

Als Helen sieben Jahre alt war,
hatten ihre Eltern eine gute Idee:
Sie baten eine Lehrerin,
bei ihnen zu wohnen,
in ihrem großen Haus.
Die Lehrerin hieß Margaret-Ann
und war erst achtzehn Jahre alt.
Sie war blind gewesen,
bis man ihre Augen operiert hatte.
Jetzt konnte sie sehen.
Da sagte sie:
Ich möchte blinden Kindern helfen.

Sie kannte
viele Spiele für blinde Kinder.
Aber Helen war nicht nur blind,
sondern auch taub.
Margaret-Ann wußte nicht,
ob es ihr gelingen würde,
mit Helen zu „sprechen“.

Am Anfang war Helen garstig
mit ihrer Lehrerin.
Sie wollte nichts lernen.
Helen wollte nicht, daß man ihr befahl.
Sie war gewohnt, nur das zu tun,
was sie selbst wollte.

Aber Margaret-Ann war sehr geduldig.

Sie brachte ihr viele Dinge bei:
Perlen aufziehen, stricken und nähen,
runde und eckige Dinge abtasten und ordnen,
auch harte und weiche Dinge.
Ganz allmählich
wurde Helen freundlich und ordentlich.
Sie konnte zwar ihre Augen und
Ohren nicht brauchen;
aber mit ihren Händen versuchte sie,
die Dinge zu verstehen.

Mit ihren Händen lernte
Helen auch „sprechen“.
Margaret-Ann ‚tippte‘ ihr die
Wörter in die Hand.
Und eines Tages, endlich,
begriff Helen, daß ihre Lehrerin
ihr so die Namen für die Dinge sagte.
Sie begriff, daß alles einen Namen hat:
die Sachen, die Tiere, die Menschen.

Sie lernte ihren eigenen Namen: „Helen“.
Sie lernte „Papa“ und „Mama“
und „Lehrerin“.
Als Helen das Wort „Papa“ in
die Hand ihres Vaters tippte*,
weinte er vor Freude.
Es war wie ein Wunder für ihn.

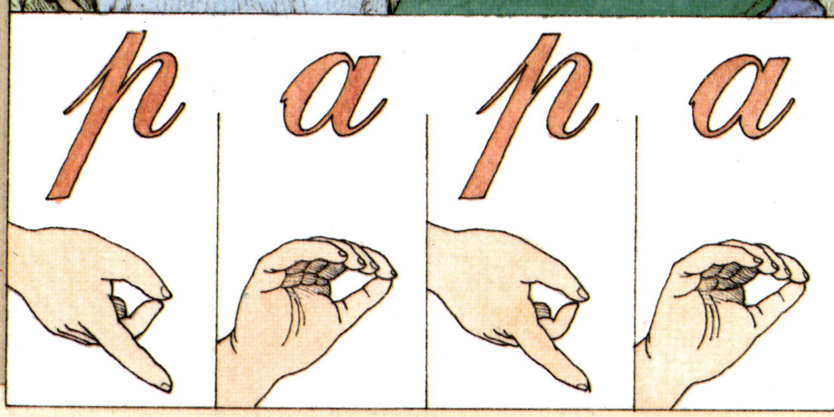

* Hier siehst du, wie man Wörter mit den Händen buchstabieren kann für Kinder, die nicht hören.

Dann lernte Helen lesen.
Ihre Finger folgten den
Buchstaben der Blindenschrift*.
Und später gelang es ihr sogar,
mit ihrer Stimme zu sprechen.
Aber das war sehr schwierig,
weil sie selbst nie hörte,
was sie sagte.

* Die Buchstaben für die Blinden bestehen aus Punkten, die man wie kleine Höcker spürt. Das ist die Braille-Schrift.

Helen war sehr intelligent
und lernte sehr schnell.
Sie wollte alles lernen.
Sie ging auch zur Schule.
Überall aber begleitete sie Margaret-Ann
und tippte ihr alles in die Hand,
was die Lehrerinnen sagten.
Ihre Schularbeiten tippte Helen
mit der Schreibmaschine.

Sie wurde eine so gute Schülerin,
daß sie ein schwieriges Examen
bestehen konnte,
ein Examen, das noch nie ein
Mädchen ihres Landes bestanden hatte.

Jetzt war Helen berühmt geworden.
Jedermann wollte sie kennenlernen.

Helen reiste viel.
Sie fuhr in alle Länder.
Sie erklärte den Menschen,
daß man taube und blinde
Kinder ganz besonders betreuen muß;
denn auch solche Kinder sollten etwas
verstehen und lernen wie sie.
Vor allem aber sollten sie
glücklich werden.

Helen wußte:
Sie hatte großes Glück gehabt.
Sie hatte Eltern gehabt,
die sie liebten,
Eltern, die eine Lehrerin bezahlen
konnten, nur für
sie allein.

Vor allem hatte sie Margaret-Ann
gehabt, eine so kluge und
geduldige Lehrerin.
Helen wollte,
daß man allen tauben und blinden
Kindern hilft und sie so lieb hat,
wie sie es selbst erlebt hatte.

Helen Keller und Margaret-Ann
haben viel erzählt und geschrieben.
Darum weiß man heute besser,
wie man mit Kindern,
die nicht sehen und nicht hören,
lebt und mit ihnen lernt.

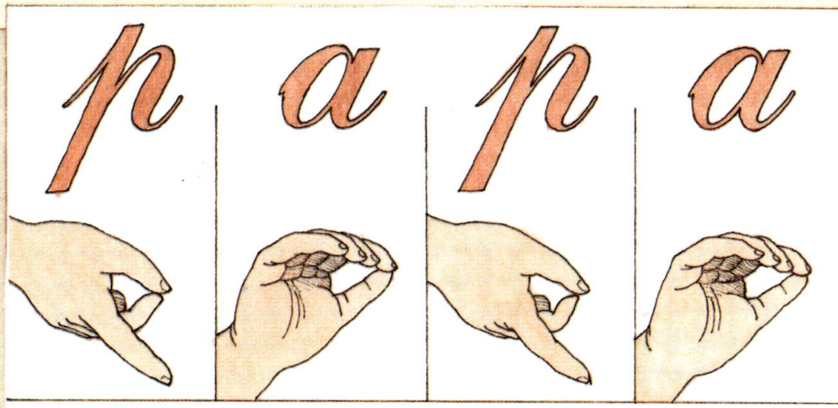

Sie sind nicht mehr so allein,
in der Stille und in der Nacht.

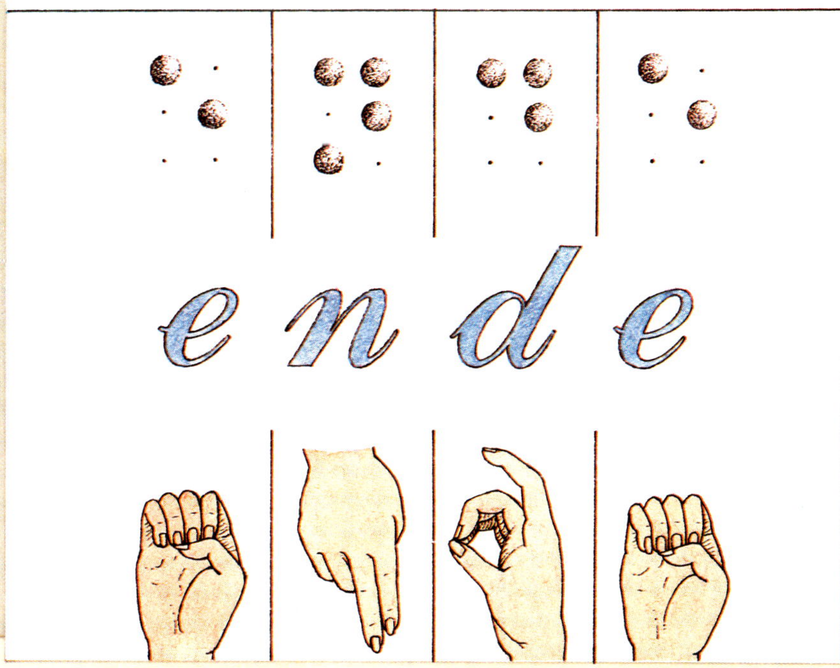

Nachwort für Eltern und Erzieher

Es mag befremden, daß die Geschichte der taub-blinden Helen Keller (1880–1968) in der Reihe „Religion für kleine Leute" erscheint. Was hat dieses Leben mit Religion – was hat es mit dem Alltag eines heutigen Kindes zu tun? Die religiöse Erziehung soll uns doch helfen, in den Kindern das Gefühl von Geborgenheit zu wecken. Wir sprechen in diesem Zusammenhang von einem *lieben* Gott. Dabei wird das Leiden in der Welt gerne verschwiegen – es ist uns unbequem. Erst größere Kinder dann, die das Elend in der Welt, aber auch die Not einzelner Menschen kennen lernen, fühlen sich hilflos. Früher, da war ihre kindliche Welt in Ordnung, da war auch Platz für Gott, fürs Gebet, für biblische Geschichten. Aber in die „erwachsene" Welt will *dieser* Gott nicht mehr passen. Ist nicht das Leiden in der Welt ein Beweis gegen ihn?
Ergänzend zur Vermittlung des Gefühls von Geborgenheit, nur scheinbar im Gegensatz dazu, erlebt das Kind in diesem Büchlein mit Helen Keller die grausame Abgeschlossenheit und Einsamkeit einer Behinderten. Das fast Unausweichliche von Helens Situation, das Unvorstellbare ihrer Taubheit beschäftigt das Kind. Vielleicht schafft solches Nachempfinden im Betrachter Antennen, unvorstellbares Leid in der Welt und im anderen Menschen überhaupt wahrzunehmen oder zu erahnen.
Man könnte darauf nur mit „frommem" und passivem Mitleid reagieren. Dagegen nun wehrt sich die Geschichte von Helen, und mit ihr sollen wir uns alle, soll sich schon ein Kind wehren: Das Gefühl von Verantwortung, Zorn, Wut und Kampf gegen das Unglück in der Welt sollen geweckt werden. So wünscht es sich die französische Autorin des Büchleins. Und in Margaret-Ann Sullivan, Helens Lehrerin, tritt eine Kämpferin gegen das Unglück auf. Mit unerschöpflicher Energie, Liebe und Phantasie gibt sie in einer scheinbar hoffnungslosen Situation nicht auf. Und sie überträgt damit ein Stück Hoffnung auf den erwachsenen Leser und aufs Kind. Durch Margaret-Ann gelangt Helen zu Freude am Leben. Ihr Leben wird bei aller Behinderung sinnvoll, von Glücksgefühl geprägt, erfüllt und menschlich.
Wenn ein Kind in dieser Geschichte mit Helen und ihrer Lehrerin ein Stück Hoffnung erlebt – wenn sich dann irgendwann in seinem eigenen Leben auch Hoffnung ereignet, hat es eine entscheidende *religiöse* Erfahrung gemacht. Es ist eine Erfahrung, die ihm helfen kann im Anblick von Hoffnungslosigkeit aller Art, von Hunger, Krieg, Zerstörung der Erde – im Anblick des modernen Menschen, der von allen Seiten „behindert" ist, zu vergleichen mit der kleinen Helen in ihrer dunklen Einsamkeit. So wird dieses Kind, das leben lernt, zum Bild für uns alle.
Von Gott muß in diesem Zusammenhang nicht von vornherein die Rede sein. Aber ich stelle mir als einen möglichen nächsten Schritt vor: Auch im Gespräch mit Gott, im Gebet, hat das Leiden Platz. Und das Leiden, das Jesus selbst uns vorgelebt hat, wird dem Kind vielleicht erst später bewußt machen: Gott ist nicht nur in der herrlichen Natur, im strahlenden Antlitz seiner Mutter gegenwärtig; er ist uns im Leiden besonders nahe. Dennoch oder gerade darum dürfen wir uns bei ihm geborgen fühlen. R. S.